Bibliografische Information der Deutschen Nationalbibliothek:

Die Deutsche Bibliothek verzeichnet diese Publikation in der Deutschen National-
bibliografie; detaillierte bibliografische Daten sind im Internet über http://dnb.d-
nb.de/ abrufbar.

Impressum:

Copyright © 2020 GRIN Verlag
Druck und Bindung: Books on Demand GmbH, Norderstedt Germany
ISBN: 9783346265661

Dieses Buch bei GRIN:

https://www.grin.com/document/937821

Josef Muehlbauer

(Rechts-)Populismus als Ausdruck der Krisenbearbeitung?

Poststrukturalistische und kritische Überlegungen zum Verhältnis von Gender, Neoliberalismus und (Rechts-)Populismus

GRIN Verlag

GRIN - Your knowledge has value

Der GRIN Verlag publiziert seit 1998 wissenschaftliche Arbeiten von Studenten, Hochschullehrern und anderen Akademikern als eBook und gedrucktes Buch. Die Verlagswebsite www.grin.com ist die ideale Plattform zur Veröffentlichung von Hausarbeiten, Abschlussarbeiten, wissenschaftlichen Aufsätzen, Dissertationen und Fachbüchern.

Besuchen Sie uns im Internet:

http://www.grin.com/

http://www.facebook.com/grincom

http://www.twitter.com/grin_com

Seminararbeit

(Rechts-)Populismus als Ausdruck der Krisenbearbeitung?

Poststrukturalistische und kritische Überlegungen zum Verhältnis von Gender, Neoliberalismus und (Rechts-)Populismus

Verfasser:

Josef Muehlbauer

Wien, im August 2020

Studienrichtung: Politikwissenschaft

Studienfach: (Ma8) Geschlecht und Politik (2020S)

Inhaltsverzeichnis

1. Thematische Einführung 3

Fragestellung und methodologische Vorgehensweise 4

2. Begriffsbestimmungen und theoretische Rahmung 5

Der poststrukturalistische Blick auf Populismus 5

Gender als analytische Kategorie und soziale Trenndimension 6

3. Neoliberale Hegemonie und widersprüchliche Krisendimensionen 7

3.1 Neoliberalismus und seine Krise(n) 7

3.2 Partizipative Krise der repräsentativen Demokratie 9

3.3 Identitätskrise 11

4. (Anti-)Egalitäre (Geschlechter-)Verhältnisse als Ausdruck der Krisenbearbeitung 14

5. Conclusio 17

1. Thematische Einführung

Der Populismusbegriff ist mittlerweile genauso umstritten wie weit verbreitet (Wolf 2017: 1). It is one of the main political buzzwords of the 21st century (Mudde/Kaltwasser 2017: 1), weil er linke Regierungen in Lateinamerika und rechte Bewegungen und Parteien in Europa gleichermaßen zu beschreiben versucht, weil er mal als Bewegung, mal als Kommunikationsstrategie und mal als (dünne) Ideologie bestimmt wird. Cas Mudde und Cristóbal Rovira Kaltwasser (2017:1) sehen zwei Kritiken an diesem Begriff: Er wird oftmals als Kampfbegriff benutzt um politische Gegner zu denunzieren und sein Inhalt wird ist so vage formuliert, dass er auf jede(n) Politiker*in angewendet werden könnte. Wo bleibt also der analytische Mehrwert für die Sozialwissenschaften? Diese Frage ist stets verbunden mit der subjektiven Positionierung der/ die Wissenschaftler*in, die sich auf verschiedenen Ebenen des Phänomens bezieht (vgl. Diehl 2011: 274). Aus der liberalen Perspektive von Jan Werner Müller ist Populismus eine Elitenkritik, verbunden mit Antipluralismus und einem moralischen Anspruch der wahren Repräsentation des Volkes (Müller 2016: 188). Aus dem Blickfeld gesellschaftskritischer Ansätze (vgl. Opratko 2017; PROKLA-Redaktion 2016) fehlt bei diesem Definitionsversuch von Müller die Analyse gegenwärtigen Transformationsprozesse und Krisen[1]. Es handelt sich hierbei um eine tiefgreifende multiple (Brand 2009; Demirovic 2013) bzw. Vielfachkrise (Demirovic/Becker/Bader 2011), die eine hohe Komplexität aufweist und über mehrere Dimensionen verfügt die miteinander verwoben sind. Eine kritische Definition von Populismus muss daher die Wirtschafts- und Finanzkrise (2008/ 09), die partizipative Krise der repräsentativen Demokratie (Merkel 2015: 8f.), die Krise des imperialen Weltsystems (Opratko 2017), die Krise der bestehenden Naturverhältnisse (Ressourcenverbrauch; Umweltverschmutzung), die Identitätskrise (in Folge des Werte- und Strukturwandels) und damit verbunden die Krise der hegemonialen Männlichkeit berücksichtigen. Aus feministischer Betrachtungsweise (Sauer 2017: 4) entsteht das Phänomen des (Rechts-)Populismus nicht (allein) aus einem extremen Rand, sondern aus unbearbeiteten Widersprüchen in der „Mitte der Gesellschaft". Birgit Sauer (ebd.) geht also davon aus, dass (Rechts-)Populismus tief in gesellschaftliche Verhältnisse hineinreicht und auf ungleiche Geschlechterverhältnisse und tradierte Geschlechterbilder gründet. Aus Sicht der poststrukturalistischen bzw. diskursanalytischen Denkschule von Ernesto Laclau (2014) ist Populismus keine Fehlentwicklung, kein negativ konnotierter Begriff oder ein Ausdruck sozialer Anomie, sondern eine Grunddimension des Politischen. Populismus wird somit als

---

[1] Populismus wird auch als Syndrom betrachtet, das sich vorwiegend in Krisenzeiten großer wirtschaftlicher und institutioneller Instabilitäten manifestiert (Wiles 1969: 166-179).

hegemoniales Streben betrachtet, dass die Pluralitäten sozialer Ansprüche in Form von Äquivalenzketten zu bündeln versucht und aus der Teilung des Sozialen bzw. dem gesellschaftlichen Antagonismus entspringt (ebd.). Angesichts dieser verschiedenen und sich oftmals widersprechenden Betrachtungsweisen[2] versuche ich Populismus als analytische Kategorie aus einer poststrukturalistischen (Laclau 2007; 2014) und kritisch-feministischen (Sauer 2017; Opratko 2017) Perspektive in Verbindung mit Gender und Neoliberalismus näher zu präzisieren.

Fragestellung und methodologische Vorgehensweise

Folgende Forschungsfrage steht im Zentrum dieser Arbeit: Wie kann das Verhältnis von Gender, Neoliberalismus und Populismus aus poststrukturalistischer und kritisch-feministischen Perspektive beschrieben werden? Daran anknüpfend versuche ich auch folgende Frage zu beantworten: Inwieweit kann Populismus als Ausdruck der Krisenbearbeitung betrachtet werden?

In dieser Arbeit gehe ich von einem poststrukturalistischen bzw. diskursanalytischen Begriff von Populismus aus, der vor allen Dingen von Ernesto Laclau (2007; 2014) geprägt wurde. Dieser inkludiert theoretische Überlegungen zur hegemonialen (im Sinne Grascmis) Entwicklung des Neoliberalismus. Somit wird das Phänomen des Populismus stets im Kontext der bestehenden Macht-, Geschlechter-, und Herrschaftsverhältnisse betrachtet. Zwei Facetten dieser Herangehensweise werden von mir in dieser theoretischen Arbeit aufgezeigt: Einerseits wird Populismus als eine Grunddimension des Politischen verstanden, also als ein antagonistischer Kampf um Hegemonie betrachtet, der sich gegen die neoliberale Hegemonie durchsetzen möchte, andererseits wird Populismus auch als eine Antwort auf gesellschaftliche Krisen interpretiert.

Ich gehe von der These aus, dass sich das sich das derzeitige Phänomen des Populismus, sowohl in seiner linken, als auch rechten Ausprägung, nicht getrennt von der Entwicklung des Neoliberalismus und den bestehenden Geschlechterverhältnissen verstehen lässt (Kap. 3). Während der Linkspopulismus von der Gleichheit aller Menschen ausgeht und für eine gerechte Beteiligung, Umverteilung und Inklusion (insbesondere benachteiligter) Menschen eintritt, geht der Rechtspopulismus von der Ungleichheit der Menschen aus und versucht eine gezielte Ausgrenzung bestimmter Teile der Gesellschaft (Ethnozentrismus) zu forcieren (Gebhardt

---

[2] Neben den bisher genannten Konzepten möchte ich folgende Erklärungsversuche bzw. Definitionsversuche des Populismus nennen: Morphologie des Populismus (Cedroni 2011); Mehrdimensionales und graduelles Konzept von Populismus (Diehl 2011); Rechtspopulismus als Element der Neodemokratie (Beyme 2018); Politische Ökonomie des Populismus (Stankov 2020) und Cultural Backlash (Norris&Inglehart 2019).

2019: 283). Diese Unterscheidung wird im vierten Kapitel in Bezug auf (anti)egalitäre Geschlechter- und Gesellschaftsverhältnisse näher präzisiert. Bevor ich darauf eingehe werde ich die zwei zentralen Begriffe bzw. Konzepte von Populismus und Gender im nächsten Kapitel definieren.

2. Begriffsbestimmungen und theoretische Rahmung

In diesem Kapitel werden meine theoretischen Vorannahmen näher präzisiert. Dabei definiere ich die Kategorie Gender und den (Rechts-)Populismus aus einer poststrukturalistischen und kritisch-feministischen Perspektive.

Der poststrukturalistische Blick auf Populismus

Demokratie und Populismus sind nicht von „Natur" aus und „für immer" bestehende gesellschaftliche Strukturen bzw. Phänomene. Sie sind nicht nur kontigent, historisch eingebettet in Macht-, Herrschafts-, und Geschlechterverhältnisse, sondern sind auch veränderbar. Demokratie und Populismus werden oftmals als Gegensätze verstanden (Mudde/Kaltwasser 2017; Müller 2016). Aus der Sicht radikaler Demokratietheorien sind die beiden hingegen miteinander verwoben. Der Fokus poststrukturalistischer Arbeiten (Mouffe 2010; Laclau 2005) liegt nicht nur auf das Politische, sondern auch auf die Logiken politischer Subjektivierung. Populismus wird hierbei als ein Modus verstanden, der über Diskurse eine Form der Schließung (ein „wir" und ein „außen") - konkreter gesagt - Identitäten herstellt und somit eine Form der Artikulation des Politischen darstellt (vgl. Gebhardt 2019: 282). Die Artikulation des Politischen, sowie Formen der Demokratie und der Subjektivierung sind in ständiger Bewegung, unterliegen einer permanenten Destabilisierung und unterliegen einem permanenten Wandel, weshalb Populismus auch als „dünn" bezeichnet wird (ebd.). Von anarcho-sozialistische Protestbewegungen bis ethno-nationalistische Parteien und Bewegungen, variieren die Programme und Inhalte zwar sehr stark, jedoch sind sie in ihrer Gestalt ähnlich. Sie binden verschiedene und sich zum Teil widersprechende Interessen, Begehren, Wünsche, Träume, Vorstellungen und Subjekte durch leere Signifikanten. Leere Signifikante sind Inhaltsleer, weil es kein eindeutiges Repräsentationsverhältnis zwischen Zeichen und Bedeutung gibt. Einfacher gesagt: Jede(r) hat eine andere Vorstellung von Begriffen wie „Gerechtigkeit", „Demokratie" und „Gemeinschaft". Damit wir uns sprachlich verstehen, damit kollektive Identitäten gebildet werden und demokratische Subjekte gebildet werden können, bedarf es einer temporären Fixierung der Begriffe (die aber weiterhin leer bleiben) und Identitäten. Populismus ist eine Dimension des Politischen, bei der es um das Streben nach Hegemonie geht. Dort wo es Macht gibt, dort gibt es auch widerständige Praktiken

(Foucault 1983: 116). In Zeiten der Postdemokratie (Crouch 2008), in welcher der Liberalismus keine Bedingung der Demokratie, sondern ein Versuch darstellt, den *demos* in die Schranken zu weisen und die fundamentale Ergebnisoffenheit der Demokratie zu begrenzen (vgl. Wolin 1996: 100), wird aus radikaldemokratischer Sichtweise Populismus als demokratische Praxis und demokratisches Aufbegehren verstanden. Im liberalen Modus der Demokratie ist der Widerstreit, ist der Antagonismus verstummt, Emotionen als bloße Begleiterscheinungen degradiert und Politik stellt nur noch den Konsens routinierter Abläufe dar (vgl. Mouffe 2007). Dieses „populistische Moment" kann somit als konstituierende Macht im Gegensatz zur konstituierten Macht des hegemonial etablierten (Neo-)Liberalismus verstanden werden. Somit spielen für Mouffe (2007) der (Neo-)Liberalismus, Geschlechterverhältnisse und Emotionen eine konstitutive Rolle in der Analyse des (Rechts-)Populismus.

Gender als analytische Kategorie und soziale Trenndimension

Geschlecht bildet in meiner Arbeit „einen Parameter sozialer Ungleichheit, der zu signifikanten weiteren Kategorien wie u.a. race und class in Bezug gesetzt werden muss" (Kuster 2019: 8). Geschlechterverhältnisse werden im Kontext bestehender Macht- und Herrschaftsverhältnissen gedacht und somit rücken Analysen der Heteronormativität bzw. Heterosexualität, sozial-ökonomische Dimensionen, Formen hegemonialer Männlichkeit, sowie symbolisch-diskursive Zuschreibungen in den Fokus (vgl. ebd.: 8ff.). Geschlecht wird als diskursiv erzeugtes Feld und soziale Trennlinie verstanden. Mit dieser radikalfeministischen Auffassung von Geschlecht erfasse ich einerseits weibliche Lebenswirklichkeiten die sich einer hegemonial männlichen Dominanz in der Gesellschaft untergeordnet sehen, andererseits steuere ich einer Essentialisierung entgegen, da ich auf die sozial konstruierte Geschlechtsidentität aufmerksam mache. Geschlecht, als auch geschlechtliche Lebensrealitäten werden somit als veränderbar und kontingent betrachtet. Im Zuge gesellschaftlicher Transformationen, wie etwa der neoliberalen Globalisierung, haben soziale Differenzen an Bedeutung gewonnen und Geschlechterverhältnisse sich stark verändert. Seit den 1970er Jahren vollzog sich nämlich in Europa ein neoliberaler Modernisierungsprozess, der eine Neuordnung von Geschlechterbeziehungen hervorbrachte (Tomic 2011: 11). Das Modell des *male breadwinner* wurde fallen gelassen: Die weiblichen Reproduktionsarbeit, die im Fordistischen System der privaten Sphäre zugeschrieben wurde, sieht sich einer neuen ideologischen Konstellation konfrontiert. Frauen werden in Zeiten des Neoliberalismus nicht mehr primär die Rolle als fürsorgende Hausfrauen und Mütter zugeschrieben. „Umgekehrt werden sie durch die dem Adult-Worker-Modell inhärente Norm der individuellen Existenzsicherung dazu gedrängt, in Absehung ihrer Sorgeverpflichtung ihre eigene Existenz und die ihrer Kinder durch Lohnarbeit zu bestreiten" (Soiland 2019: 96). Die Lebenslagen von Frauen aber auch von Männern haben sich dahingehend pluralisiert, da sich die Karrierechancen für hoch-qualifizierte weiße „Mittelschichts-Frauen" verbessert haben, während Männer durchaus einige Privilegien auf dem Arbeitsmarkt hinnehmen mussten (Nickel 2009: 262). Die neoliberale Ausrichtung gesellschaftlicher Strukturen sorgt nicht nur für eine Machtverschiebung zwischen Staat und Wirtschaft, sondern führt zu schärferen Verteilungskonflikten und sozialen Ungleichheiten entlang von intersektionalen Trennlinien wie etwa Race, Class und u.a. Gender (vgl. Becker-Schmidt/Krüger 2009: 32). Wie beim Begriff des Populismus so auch bei dieser analytischen Kategorie Gender spielt also der (Neo-)Liberalismus eine erhebliche Rolle, um die Macht- und Herrschaftsverhältnisse besser zu analysieren. Nancy Fraser (vgl. 2017; 2018) geht sogar so weit zu sagen, dass der (progressive) Neoliberalismus den Aufstieg des Rechtspopulismus sogar ermöglichte. Für sie hat sich ein liberaler Feminismus der Eliten hegemonial durchgesetzt, der Geschlechtergerechtigkeit als Beseitigung von „Diskriminierung" versteht, damit einige „talentierte" Frauen Karriere machen können (Fraser 2018). Es werden nun die neoliberale Hegemonie und seine widersprüchlichen Krisendimensionen beschrieben.

3. Neoliberale Hegemonie und widersprüchliche Krisendimensionen

In diesem Kapitel fokussiere ich mich auf die postfordistische Etablierung des Neoliberalismus und gehe dabei auf drei konkrete Krisendimensionen ein, die in Wechselwirkung mit Gender und (Rechts-)Populismus verstanden werden. Diese Dimensionen wurden aus den Analysen kritisch-feministischer Autor*innen entlehnt (Fraser 2018, Brown 2019, Opratko 2017).[3]

3.1 Neoliberalismus und seine Krise(n)

Rechtsextremismus, Rechtspopulismus und dergleichen gesellschaftlichen Phänomene lassen sich kaum getrennt von den jeweiligen sozioökonomischen Rahmenbedingungen und der gegenwärtigen Weltmarktdynamik verstehen (Butterwege/Hentges 2008: 14).

> „In diesem Zusammenhang spielt der Neoliberalismus als Triebkraft des ökonomischen Globalisierungsprozesses und die Tagespolitik wie das Alltagsbewusstsein fast überall beherrschende Ideologie eine Schlüsselrolle. Wenn der Neoliberalismus mehr als eine Wirtschaftstheorie ist, nämlich auch eine Weltanschauung, politische Zivilreligion und Lebensweise, welche die Hegemonie, d.h. die öffentliche Meinungsführerschaft in allen Industrienationen erobert hat, stellt sich die Frage nach seiner sozialen Basis und seinem Verhältnis zum Rechtsextremismus. Wer die Ökonomie verabsolutiert, wie das Marktradikale

---

[3] Aufgrund der Kürze des Beitrags, werde ich auf weitere Dimensionen wie die Krise der Naturverhältnisse, Krise der Öffentlichkeit und die Krise des imperialen Weltsystems (vgl. Opratko 2017), sowie Formen der Subjektivierung (Focault 1983) nicht eingehen können.

tun, negiert die Politik im Allgemeinen und die repräsentative Demokratie im Besonderen. Hier zeigt sich die enge Affinität zwischen Neoliberalismus, Marktradikalismus und Rechtspopulismus" (ebd., Herv. d. den Autor).

Menschen, die zuwandern, werden von Rechtspopulist*innen und Neoliberalen nach dem Kriterium ihrer Leistung für die Nation bzw. den „Wirtschaftsstandort" beurteilt (ebd.: 15). Der Antiegalitarismus im Neoliberalismus lässt auch die Grenze zum Sozialdarwinismus verschwimmen, ein Kernmerkmal von Faschismus, Nationalsozialismus und Rechtspopulismus bzw. Rechtsextremismus (ebd.).

Doch abseits dieser inhaltlichen Überschneidungen von Rechtspopulismus und Neoliberalismus, möchte ich nun auf die Faktoren die für den Aufstieg rechtspopulistischer Bewegungen maßgeblich sind, eingehen. In diesem Abschnitt fokussiere ich mich auf die sozioökonomischen Faktoren. Thomas Piketty (2016) hat in seinem Buch *Das Kapital des 21. Jahrhundert* auf die immer weiter auseinandergehende Schere zwischen „arm und reich" hingewiesen. Der größte Anteil des Wirtschaftswachstums gelangt ausschließlich in den Händen reichsten 10 % der Weltbevölkerung (ebd.). Oder um es präziser zu formulieren: Das reichste Prozent der Weltbevölkerung strich 82% des erwirtschafteten Vermögenswachstums aus dem Jahr 2017 ein (Oxfam 2018). Das heißt mit anderen Worten: Bestimme privilegierte Bevölkerungsteile haben regelmäßig bessere Lebens-, Berufs-, und Verwirklichungschancen als andere Gruppierungen aufgrund sozioökonomischer Verhältnisse. Sowohl von linken als auch rechten populistischen Bewegungen wird diese Ungleichheit für eigene politische Zwecke instrumentalisiert. Linkspopulistische Bewegungen versuchten mit Slogan „We the 99%" zu mobilisieren und besetzten symbolträchtige Orte, wie das Börsengebäude in der Wall Street (NYC), das zum Symbol der Skrupellosigkeit der Finanz- und Immobilienmärkte in den USA geworden war (Gebhardt 2019: 288). Der Rechtspopulismus bietet ebenfalls eine Verarbeitungsform dieser ökonomischen Krise. Er überhöht den Leistungsanspruch und richtet ihn gegen jene, die vermeintlich leistungslos leben (Opratko 2017: 128).

Soziale Ungleichheiten stiegen und steigen weiterhin an, aufgrund von Automatisierungsprozessen, Austeritätsmaßnahmen, Deregulierung, Liberalisierung und der Abschwächung des Wohlfahrtstaates (Norris/Pippa 2019: 137). Der soziale Druck der auf dem Arbeitsmarkt entsteht, schürt Abstiegsängste, Konkurrenzkämpfe und ist ein Einfallstor für rechtspopulistische Bewegungen, welche Migrationsbewegungen (mit-)verantwortlich für diese Krise(n) machen (ebd.). Oliver Nachtwey hat die ökonomische Krise und seine Auswirkungen folgendermaßen beschrieben: Soziale Aufstiegskanäle werden enger, die Treppe des Abstiegs bedeutend steiler. Für breite Teile der Mittelschicht hat nicht die reale Bedrohung, sondern maßgeblich die Sorge vor dem Absturz zugenommen (Nachtwey 2016: 152f.). Obwohl Rechtspopulismus nicht alleine auf das Phänomen des Neoliberalismus, bzw. auf sozioökonomische Faktoren zurückzuführen ist, baut diese dünne Ideologie dennoch auf den Ruinen des Neoliberalismus auf (Brown 2019: 7ff.).

Es bildet sich eine Art „exklusive Solidarität" – ein Phänomen das mit wissenschaftlichen Begriffen wie Homonationalism (Puar 2007) oder Wohlfahrtschauvinismus (Kitschelt/McGann 2000: 257ff.) bereits beforscht wurde. Ersterer Begriff beschreibt die Verbindung von Nationalismus, Ausgrenzung und Islamophobie unter homosexuellen Gruppen, welche das Bild sexuell „nicht aufgeklärten Anderen" projiziert. Zweiterer Begriff rekurriert auf die Befürwortung eines starken und stabilen Wohlfahrtstaates, dessen Sozialhilfen jedoch nur einer bestimmten Gruppe „der Unsrigen" zukommen sollte. Beide kennzeichnen demnach progressive Mittel der Politik, die jedoch von nationalistischen und rechtspopulistischen Bewegungen instrumentalisiert, das heißt in ethnonationalistische Form gedacht wurden bzw. werden.

Zuletzt möchte ich noch auf die Verbindung von Geschlecht und Neoliberalismus eingehen. Frauen jeglicher Herkunft und jeglicher ethnischer Angehörigkeit im Niedriglohnsektor sind viel schärfer vom neoliberalen Abbau des Wohlfahrtstaates betroffen, als gut verdienende weiße Frauen (vgl. Ludwig 2015: 91). Um bei diese intersektionalen Dimension der Ungleichheit zu bleiben, muss der Care- und Reproduktionsbereich erwähnt werden. Haus-Reproduktions- und Pflegearbeit wird durch ihre Delegation an Migrant*innen in neuem Umfang und in neuer Weise vermarktlicht, was die bisherige Arbeitsteilung unter Frauen verändert, diejenige zwischen den Geschlechtern aber fortführt (Aulenbacher 2007: 46). Es entstehen „globale Pflege- und Betreuungsketten" (Hochschild 2001). Migrant*innen aus ärmeren Ländern, also meist aus dem globalen Süden, bedienen hierbei die ständig steigende Nachfrage nach Care- und Reproduktionsarbeit aus den westlichen Industriestaaten. Die Pflege-Lücke den diese Frauen in ihren eigenen Familien hinterlassen, füllen wiederum andere Frauen aus noch ärmeren Ländern (ebd.).

3.2 Partizipative Krise der repräsentativen Demokratie

„Wissenschaftler*innen wie Jürgen Habermas (1973), Chantal Mouffe (2000), Colin Crouch (2004), Jacques Rancière (2006), Giorgio Agamben (2009), Slavoj Zizek (2009) und Benjamin Barber (1984) sprechen von einer partizipativen Krise der repräsentativen Demokratie. Darüber hinaus wird ein abnehmendes Vertrauen in politische Autoritäten (Dalton 2008) und eine nachlassende Leistungsfähigkeit demokratischer Institutionen (Putnam 2000) konstatiert" (zit. n. Merkel 2015: 8f.). Inwieweit artikuliert sich diese Krise? Colin Crouch (2008) benennt sie auch als Postdemokratie. Darunter versteht Crouch folgendes: Formal werden zwar noch Wahlen abgehalten, jedoch kontrollieren professionelle PR-Teams und Marketingstrateg*innen die öffentliche Debatte. Somit verkommt für Crouch die Demokratie, da nur Probleme diskutiert werden, die die PR-Expert*innen zuvor ausgewählt haben. Politik ist für Crouch zu einer Angelegenheit geschlossener Eliten und Wahlen zu einem Spektakel verkommen (vgl. Crouch 2008: 10; 133).

Mit Slogans wie „Demokratie müsse marktkonform" (Angela Merkel) gestaltet werden wird eine Art Alternativlosigkeit proklamiert, die zur Stärkung der Erfahrung vom politischen Kontrollverlust und der Entfremdung von Institutionen der repräsentativen Demokratie führt (Opratko 2017: 125). Dieses subjektive Gefühl des Kontrollverlusts hat auch seine Ursachen. Das TINA-Prinzip, welches von der britischen Premierminister Margaret Thatcher oftmals ausgesprochen wurde, besagt dass es einer marktliberalen und insbesondere eine auf Wettbewerbsfähigkeit orientierte Politik keine Alternative gebe. Das Politische hört auf politisch zu sein, sobald es determiniert und unveränderbar wird. Wahlen, Diskussionen und demokratische Institutionen verlieren in solch einer technokratischen, marktfundamentalistischen und deterministischen Denkweise ihren Inhalt und ihre Bedeutung. Als Gegenreaktion agieren rechtspopulistische Akteur*innen als „Stimme" und „Anwälte" des Volkes, um ihre Interessen gegen die behauptete Alternativlosigkeit durchzusetzen (ebd.). Eine Stärkung „direkter Demokratie" wird als Heilmittel für die Krise der Repräsentation dargestellt. Die Ausweitung plebiszitärer Elemente ist ein Kernbestandteil rechtspopulistischer Parteien (ebd.). Linkspopulistische Bewegungen setzen ebenfalls auf die Ausweitung plebiszitärer Elemente, vor allem auf „Direkte Aktionen", Basisdemokratie und Demonstrationen, gehen jedoch nicht von einer Homogenität des „Volkes" aus.[4]

Die politischen (Groß-)Parteien haben ihre besten Zeiten hinter sich, dies sieht man anhand der schwindenden Mitgliederzahlen, oder mit der abnehmenden Identifikation von Wähler*innen mit bestimmten Parteien (vgl. Müller 2016). Für Benjamin Opratko (2017: 124) ist es augenfällig, dass der autoritäre bzw. rechte Populismus eine Krise der soeben erwähnten politischen Repräsentation bearbeitet. Sie versuchen nämlich diese Schwächung der

---

[4] Zu den detaillierten Unterschieden zwischen links- und rechtspopulistischer Artikulationsformen von plebiszitären Demokratieelementen siehe Gebhardt 2019.

Großparteien für ihre eigenen Zwecke zu nutzen. Doch abgesehen von Parteien und ihren Programmen gibt es noch eine geschlechterspezifische Dimension.

Demokratie die im staatlichen Rahmen entwickelt wurde, wird von autonomen Frauenbewegungen, von queer- und anarchafeministischen Denker*innen kritisch betrachtet, da der Staat "als die Anti-Institution (Sauer 2004:113) und als Inbegriff patriarchaler Herrschaft betrachtet wird" (zit. n. Ludwig 2015: 7). Er wurde als juridischer Apparat zur Aufrechterhaltung geschlechtlicher Ausbeutungs- und Unterdrückungsverhältnisse gefasst (ebd.: 8). Frauen wurden im Eherecht, im bürgerlichen Recht oder beim Wahlrecht dem (weißen, besitzenden) Mann untergeordnet und wurden dadurch systematisch von den Anfängen der Demokratie und politischen Partizipation ausgeschlossen (vgl. Gerhard 1997). Das Privileg der politischen Partizipation wurde historisch betrachtet an der Grundwehr (heute Wehrdienst) oder am Zensus gekoppelt (ebd.). Und auch heute noch sprechen Theoretiker*innen wie Eva Kreisky und Birgit Sauer von einer phallozentrischen Demokratie, oder Politik der Männerbünde (Ludwig 2015: 82ff.). Aus historischer und feministischer Perspektive betrachtet kann also auch eine Krise der repräsentativen Demokratie festgehalten werden.

3.3 Identitätskrise

Mit veränderten strukturellen Bedingungen sind auch Identitäten bzw. Identitätskonstrukte verändert worden. Angefangen vom Individuum (z.B. Geschlechterrollen) bis hin zum Gesamtgesellschaftlichen (z.B. Nationalstaat) scheint sich im heutigen (Informations-)Zeitalter (Castells 2017) vieles zu verändern. Der Nationalstaat gilt als „altes" oder veraltetes Modell, denn mittlerweile liegt der Fokus auf Governance und postnationale Herrschaftsstrukturen wie beispielsweise der EU. Diese Entwicklung ist mit Krisen verbunden: „Weniger strittig sind die krisenbedingten demokratiepolitischen Entwicklungen, etwa die Beobachtung, dass das bisherige Euro-Krisenmanagement innerhalb der Machtarchitektur der EU technokratische, hegemoniale und intergouvernementale Politikmuster zulasten demokratisch-parlamentarischer Prinzipien und Gemeinschaftsmethoden verstärkt hat." (Hentges/ Nottbohm/Platzer 2017: 5). Demokratische Identität verläuft zum einen horizontal, zwischen Bürger*innen die sich als Demos anerkennen und zum anderen vertikal indem sich der Demos mit den Policy-Outputs der Regierung identifiziert (ebd.: 23). Allein aus dem erwähnten EU-Demokratiedefizit entsteht beispielsweise eine EU-Identitätskrise.

Mit der modernen Globalisierung werden Territorialstaaten, die Nationen und in nationalen Grenzen konstituierte Volkswirtschaften in Frage gestellt – die Rede ist von der postnationalen Konstellation (vgl. Habermas 1998: 91ff.).

> „Neben der technologischen Revolution und der Transformation des Kapitalismus, dem Ende des Etatismus haben wir im letzten Viertel des 20. Jahrhunderts den Aufschwung machtvoller Ausdrucksformen kollektiver Identität erlebt, die der Globalisierung und dem Kosmopolitismus die Ansprüche auf kulturelle Einzigartigkeit und auf die Kontrolle der Menschen über ihr Leben und ihre Umwelt entgegen stellen. Aber es gehört auch eine ganze Palette von reaktiven Bewegungen dazu, die Gräben des Widerstandes im Namen von Gott, Nation, Ethnizität, Familie, Lokalität ausheben, also fundamentaler Kategorien jahrtausendealter Existenz, die jetzt durch den kombinierten, gegensätzlichen Ansturm techno-ökonomischer Kräfte und transformativer Sozialbewegungen gefährdet sind." (Castells 2017: 2).

Genau diese gegensätzliche und widersprüchliche Identitätskrise finden wir vor. Einerseits eine Repolitisierung und andererseits ein „Kampf der Identitäten"[5]. Mit Castells (2017) sehen wir mindestens drei Strömungen die um eine hegemoniale Identität ringen. Wir sehen Identitätskonstruktionen die sich auf fundamentale Kategorien (Gott, Nation, Ethnie) beziehen; wir beobachten eine kosmopolitische Identitätspolitik (den Nancy Fraser auch als „progressiven Neoliberalismus" bezeichnet) und schlussendlich können verschiedene transformative Sozialbewegungen (Zapatista) analysiert werden (vgl. Castells 2017).

"Currently, authoritarian populism, typically based on identity politics, is more relevant in Europe, the USA, and some parts of Asia and Africa, while redistributional populism prevails in Latin America." (Stankov 2020: 3). Identitätspolitik, sofern sie wichtiger wird als sozioökonomische Politiken, beruht auf einer gezielten Ausgrenzung (ebd.: 15). So können wir bei rechtspopulistischen Parteien und Bewegungen festhalten, dass sie aufgrund ihrer Fokussierung auf Migrationsbewegungen und Migrationspolitik diskursiv „die Anderen" geschaffen haben und damit ihre Wähler*innenstimmen maximieren konnten (ebd.: 16).

> "Worries about immigration have played a major role in the rise of extremist parties across Europe, the Brexit referendum, and Trump's presidential campaign," according to Poutvaara and Steinhardt (2018, p. 471). The rise of immigration is producing a significant boost for extreme votes in Austria (Halla et al., 2017), France (Edo et al., 2019; Jolly and DiGiusto, 2014), Italy (Caselli et al., 2019), Germany (Karapin, 1998), and Switzerland (Krishnakumar and Müller, 2012), among other developed countries." (Stankov 2020: 16).

---

[5] Entnommen von Samuel Salzborns Konzeption „Kampf der Ideen".

Gemäß der Theorie der Stillen Revolution von Ronald Inglehart können solche widerständische Identitätskonstrukte als (reaktionäre) Antwort auf den Wertewandel verstanden werden. Once widely accepted norms such as sexual abstinence before marriage, readiness to fight for one's country, and regular church attendance, now seem quaint to a growing share of society, as do traditional views about the role of women, the subordinate status attributed to racial and ethnic minorities, and intolerance toward outsiders (Norris/ Inglehard 2020: 87). Daher verwundert es kaum, dass ausgerechnet konservative und rechtspopulistische Akteur*innen sich auf traditionelle Werte, patriarchale Familien- und (binäre) Geschlechterrollen- und Bilder und auf eine hierarchische Teilung von Öffentlichkeit und Privatheit beziehen. Dieser Kampf um Identitäten dringt bis in die gesellschaftliche Mitte ein und betrifft vor allem das Geschlecht. Populäre Feindbilder wie „Genderwahn", „Gender-Terror" oder „Genderismus" sind Lieblingsthemen vieler Rechtsaußenszenen und hat eine Scharnierwirkung in bürgerlich-konservativen Kreise (Rafael 2015: 78). Mit diesen Begriffen werden Themen wie Islamismus, Frühsexualisierung, transsexuelle- bzw. queere Geschlechterrollen und die Abtreibung in der Öffentlichkeit problematisiert (ebd.: 80ff.).

Es gibt jedoch jenseits vom Rechtspopulismus noch einem anderen Kritikpunkt an der Identitätspolitik. Nancy Fraser (2017) artikuliert ihre Kritik an der Identitätspolitik mit dem Begriff des progressiven Neoliberalismus. Unter dem Begriff des progressiven Neoliberalismus versteht Fraser die "Allianz zwischen sozialen Bewegungen (Feminismus, Anti-Rassismus, LGBTQ*) & "high end" business-Sektor (Wall Street, Silicon Valley, Hollywood). Diversity und empowerment dienen als Aushängeschild und sind als identitätspolitische Instrumente zu betrachten (ebd.). Auf der symbolischen Ebene finden wir laut Fraser zahlreiche progressive Elemente die in einem hierarchischen kapitalistischen System der Unterdrückung, Ausbeutung und Herrschaft eingebettet sind. Fraser nennt diese Politik paradoxerweise "progressiv" weil es zwar für symbolische Anerkennung steht, aber die materiellen und gesellschaftlichen Verhältnisse nicht verändert, sondern sogar stabilisiert. Dies wird im folgenden Zitat sichtbar: "For me, feminism is not simply a matter of getting a smattering of individual women into positions of power and privilege within existing social hierarchies. It is rather about overcoming those hierarchies" (Fraser 2017).

Im Folgenden möchte ich auf zwei konträre Gesichtspunkte der Bearbeitungsmechanismen der soeben beschriebenen Krisen eingehen.

4. (Anti-)Egalitäre (Geschlechter-)Verhältnisse als Ausdruck der Krisenbearbeitung

Linke egalitäre Geschlechter- und Gesellschaftsverhältnisse stehen den rechten antiegalitären gegenüber (vgl. Gebhardt 2019: 283). Beide Phänomene können als gegenhegemonialer Ausdruck und als Antwort auf die bestehenden Krisen angesehen werden (ebd.). Genau das gilt es in diesem Abschnitt zu erläutern bzw. zu zeigen.

Gebhardt hält an folgende Kriterien zur Unterscheidung von linken und rechten Strömungen des Populismus fest:

> „Von der Differenzierung inklusiv/exklusiv ausgehend, die man auch bei Mouffe (2014; 2016) findet, wird zwischen linkem und rechtem Populismus unterschieden: Denn es ist Rechtspopulismus, der einen Ethnozentrismus pflegt, den er in migrations- und asylpolitische Agenden der Abschottung und eine innen- und sicherheitspolitische Programmatik der nationalen Stärke übersetzt. Dagegen praktiziere linker Populismus Inklusion und stehe daher auch für Partizipation und Umverteilung (Pelinka 2012: 9; Priester 2012: 1f.)" (Gebhardt 2019: 283).

Auf die drei von mir in dieser Arbeit bereits definierten Krisenmomente (Neoliberalismus; Krise der repräsentativen Demokratie und Identitätskrise) gibt es verschiedene Krisenbearbeitungsmechanismen. Diese möchte ich anhand der Differenzierung von linken und rechten Populismus (Gebhardt 2019: 283) analysieren.

Die Krise des Neoliberalismus wurde im Kapitel 3.1 bereits beschrieben. Obwohl diese Krise nicht als monokausale Ursache für den Aufstieg des (Rechts-)Populismus anzusehen ist, so kann sie dennoch als einer der zentralen Faktoren des Aufstiegs rechter Ideologien und des Rechtspopulismus betrachtet werden (vgl. Fraser 2017; Butterwege 2008). Armut, Arbeitslosigkeit und Prekarität sind Sorgegegenstände, weil sie zu rechtem Gedankengut führen können (vgl. Vehrkamp 2017; Schildbach 2019: 72). Dies deuten die Statistiken an: 21% Arbeiter*innen und 22% Arbeitslose wählten (Stand 2017) die AfD (ebd.). Die Angst vor dem sozialen Abstieg (auch bekannt als „Abstiegsgesellschaft", vgl. Nachtwey 2016) ist ein Nährboden für rechtspopulistische Parteien (vgl. Schildbach 2019: 78ff.). Sowohl im Parteiprogramm der AfD (2017: 52, 55ff. zit. in Schildbach 2019: 79) als auch in den Reden rechtspopulistischer Politiker*innen spielen soziale Themen eine wichtige Rolle. So gilt die FPÖ als die Partei „des kleines Mannes" (Prantner 2019). Gleich zu Beginn des Kapitels „Sozialpolitik" im AfD-Wahlprogramm steht die Überschrift „Sozialpolitik und Zuwanderung" (AfD 2017: 56 zit. in Schildbach 2019: 79). Rechtspopulist*innen bringen demnach auf die sozialen Probleme eine exkludierende, nationalistische und wohlfahrtstaatschauvinistische

Antwort (ebd.; Puar 2007; Kitschelt/McGann 2000: 257ff.). Björn Höcke, ehemaliger AfD-Fraktionsvorsitzender hat diesen Zusammenhalt, genauer: seinen nationalistischen und fremdenfeindlichen Standpunkt deutlich gezeigt:

> „Die Soziale Frage der Gegenwart ist nicht primär die Verteilung des Volksvermögens von oben nach unten, unten nach oben, jung nach alt oder alt nach jung. Die neue deutsche Soziale Frage des 21. Jahrhunderts ist die Frage nach der Verteilung des Volksvermögens von innen nach außen" (Björn Höcke, zitiert nach Vogel 2016).

Linker Populismus macht zwar ebenfalls seinen Unmut sichtbar, der durch nationale Finanzpolitik, EU-Austeritätsmaßnahmen, neoliberale Fantasien der Selbstermächtigung oder Börsenspekulationen entstanden ist (vgl. Gebhardt 2019: 288), jedoch bemüht sich dieser um Inklusion und einer sozial-gerechten Umverteilungspolitik. Radikale Demokratie und Inklusion sind die Eckpfeiler radikal linker und linkspopulistischer Strömungen (vgl. hierzu Charalambous/Ioannou 2020: 8). Des Weiteren wird der Finanzkapitalismus der heutigen Prägung aus linker Perspektive (nur) im Kontext einer Vielfachkrise und nicht monokausal, schon gar nicht rassistisch, nationalistisch oder wohlfahrtstaatschauvinistisch verstanden (vgl. Demirović/ Becker/Bader 2011). Auch werden geschlechterspezifische Ungleichheiten im kapitalistischen System hervorgehoben (vgl. globale Betreuungsketten und emotionaler Mehrwert bei Hochschild 2001). Vor allem diese Themen bleiben im rechtspopulistischen Diskurs oftmals unbeleuchtet.

Auch die Krise der repräsentativen Demokratie wird von rechtspopulistischen Akteur*innen und Bewegungen bearbeitet. Als Antwort darauf erwarten sich Rechtspopulist*innen einen „starken Mann", einen starken „leader", der den „Volkswillen" zum Ausdruck bringt (Gebhardt 2019: 287). Diese führungsfigurzentrierte Organisation gilt als wichtigster Bestandteil rechtspopulistischer Logik (ebd.). Ethno-nationalistische Formen des Protestes beispielsweise sind organisationsstrukturell meist von rigiden Hierarchien geprägt: Eine besonders aktive Kerngruppe, zentriert meist von einer charismatischen Führergestalt (ebd.). Das repräsentative Paradigma, das eigentlich in ihrer liberalen Form der Ausgangspunkt rechtspopulistischer Kritik war und ist, wird paradoxerweise reproduziert und perpetuiert (ebd.). „Damit ist sein Votum gegen Institutionen und Staatlichkeit vor allem Rhetorik. Anti-Institutionalismus, Selbstbestimmung und Anti-Etatismus des ethno-nationalistischen Protests erweisen sich somit als Scheinelemente" (ebd.). Radikaldemokratische Proteste beispielsweise sind im Gegensatz dazu, heterarchisch, teilweise an-archisch aufgebaut und es wird meist in lokalen Einheiten und horizontalen Netzwerken operiert – wobei auf die Inklusion sozial benachteiligter Gruppen,

Frauen, queer-Personen etc. großen Wert gelegt wird (vgl. Gebhardt 2019: 286ff.). Während aktive, organisatorisch-mitwirkende Frauen und non-cis-Personen in rechtspopulistischen Bewegungen und Parteien eher die Ausnahme als die Regel darstellen, wird in linken bzw. linkspopulistischen Bewegungen und Parteien hierauf großen Wert gelegt. So verwundert es kaum, dass bei den beiden linken Parteien in Deutschland, nämlich bei die „Grüne"-Partei ein Frauenanteil von 41% und bei „Die Linke"-Partei ein Frauenanteil von 36% bezüglich der Parteienmitgliedschaft anzutreffen ist (Niedermayer 2020). Bei der AfD sind es dagegen 18%, der FDP 22% und bei der CSU 21% (bzw. CDU 27%) (ebd.).

Der dritte Krisenmoment der von mir beschrieben wurde, ist die Krise der Identität (Kap. 3.3). Als Antwort auf diese Krise gehen Rechtspopulist*innen von einer feindlichen „Umwelt" aus, in der das homogen dargestellte eigene Volk durch ein feindliches Ausland, durch Migrationsbewegungen, durch veränderte Frauen- und Familienrollen („Genderismus"; „Genderwahn", vgl. Rafael 2015) als gefährdet betrachtet wird (Böhnke/Thran 2019: 21). Die Frau wird als sanfte, einfühlsame Mutter, Hüterin und Bewahrerin der Familie/ des Volkes/ der Kultur betrachtet, während der Mann als entschlossener Ernährer, starker Kämpfer, Denker und Lenker angesehen wird (Rafael 2015: 78). Die Institution „Ehe" und die „Vater-Mutter-Kind-Familie" werden als Keimzellen für alles angesehen (bei Foucault auch *Maltusian Couple*) – wahlweise die biologistisch oder kulturalistisch definierte Volksgemeinschaft, oder das christliche Abendland (ebd.). Gleichgeschlechtliche Sexualität oder Sexualität außerhalb der Ehe und Reproduktion werden als „Ausschweifungen" definiert (ebd.). Kollektivität, Identität und Formen der Subjektivierung geschehen im linken Spektrum des Populismus bzw. der sozialen Bewegungen gänzlich anders:

> „Die Kollektivität, die sich im radikaldemokratischen Protest de/konstitutiv zusammenfindet und versammelt, formiert sich über einen einschließenden Ausschluss und über die Demarkation von (Nicht-)Identität. Dieser einschließende Ausschluss wird über eine konstituierende Ruptur des institutionellen Arrangements nur kurzfristig stabilisiert, jedoch nicht konstituiert." (Gebhardt 2019: 294).

Rasbir Puar (2005) geht mit dem Begriff von Queerness nicht von einer Identität oder Anti-Identität aus, sondern von einer Assemblage, die räumlich und zeitlich kontigent ist. Die Assemblage, eine Reihe von verstreuten, aber gegenseitig aufeinander bezogenen und ungeordneten Netzwerken, bringt die temporäre Artikulation und kontingente Einheit zusammen (vgl. Puar 2005: 279f.). Im linken Diskurs wird nicht biologistisch oder essentialistisch argumentiert. Ganz im Gegenteil: Queere Identitäten sind fluide, nicht eindeutig bestimmbar und werden performativ erzeugt (Nicholas 2009). Doch abseits davon gibt es einen linken Populismus der von Männern wie Evo Morales, Hugo Chavez oder Parteien wie *SYRIZA*, *Podemos* oder *Bloco Esquerda* dominiert wird (Charalambous/Ioannou 2020: 232). Dieser definiert seine Identität nicht über queerfeministische Kontingenz oder Fluidität, sondern vielmehr im radikaldemokratischen Sinne Mouffes, über den sozialen Antagonismus, also über die populistische Konstellation von „Volk" und „Elite" (ebd.).

5. Conclusio

Sobald man Populismus als Grunddimension des Politischen, also mit einem poststrukturalistischen Blick bzw. als „Syndrom" (Wiles 1969: 166ff.) versteht (Kap. 2), schärft diese Perspektive und Herangehensweise den Fokus auf bestehende Macht-, Geschlechter-, und Herrschaftsstrukturen. Anhand der drei Krisendimensionen Neoliberalismus (Kap. 3.1), Krise der repräsentativen Demokratie (Kap. 3.2) und der Identitätskrise (Kap. 3.3) habe ich den „Nährboden" populistischer Bewegungen und Parteien versucht zu skizzieren. Diese drei Dimensionen können als Rahmenbedingungen angesehen werden, unter welche sich linke und rechte hegemoniale Artikulationsformen bzw. Krisenbearbeitungsmechanismen bilden.

Während beim Rechtspopulismus die Krise des Neoliberalismus in Beziehung zu einem eindringenden und gefährlichen „Außen" (Migration, Zuwanderung) gebracht wird, geht es linkpopulistischen Akteur*innen um die Schaffung egalitärer und inklusiver Wirtschaftspolitik mit einem Wohlstandsverteilungsmechanismus der nicht nach Race, Class oder Gender trennt. Rechtspopulist*innen bringen auf die sozialen Probleme eine exkludierende, nationalistische und wohlfahrtstaatschauvinistische Antwort (Schildbach 2019: 79; Puar 2007; Kitschelt/McGann 2000: 257ff.). Der linke bzw. linkspopulistische Diskurs bringt hingegen geschlechterspezifische Ungleichheiten und Ausbeutungsverhältnisse im Neoliberalismus hervor (vgl. globale Betreuungsketten und emotionaler Mehrwert bei Hochschild 2001).

Auf die Krise der repräsentativen Demokratie antworten rechtspopulistische Akteur*innen mit der Reproduzierung und Perpetuierung ihrer eigenen Kritik, da der Logik einer elitären Fremdherrschaft als Organisationsstruktur folgen (vgl. Gebhardt 2019: 287). Und auch was die geschlechterspezifische Zusammensetzung dieser beiden Strömungen betrifft, könnten sie nicht verschiedener sein: Während aktive, organisatorisch-mitwirkende Frauen und non-cis-Personen in rechtspopulistischen Bewegungen und Parteien eher die Ausnahme als die Regel darstellen, wird in linken bzw. linkspopulistischen Bewegungen und Parteien hierauf großen Wert gelegt.

Auf die Identitätskrise antworten rechtspopulistische Akteur*innen, in dem sie auf traditionelle, christlich-konservative Frauen- und Familienbilder (bzw. Mythen) rekurrieren. Die Frau wird als sanfte, einfühlsame Mutter, Hüterin und Bewahrerin der Familie/ des Volkes/ der Kultur betrachtet, während der Mann als entschlossener Ernährer, starker Kämpfer, Denker und Lenker angesehen wird (Rafael 2015: 78). Die Institution „Ehe" und die „Vater-Mutter-Kind-Familie" werden als Keimzellen für alles angesehen (bei Foucault auch Maltusian Couple). Die linke Antwort auf die Identitätskrise ist gänzlich anders. Wir können im linkradikalen bzw. queer-aktivistischen Spektrum die Annahme von fluiden und kontingenten Identitäten festhalten (vgl. Puar 2005). Und im linkspopulistischen Spektrum können eine Identitätsbildung im radikaldemokratischen Sinne Mouffes wiederfinden, welcher sich über einem sozialen Antagonismus, als über die populistische Konstellation von „Volk" und „Elite" definiert.

Mit dieser Entgegensetzung im Kapitel 4. habe ich zu zeigen versucht, dass sich sowohl linkspopulistische Bewegungen und Diskurse, als auch rechtspopulistische hegemonial durchsetzen wollen, um die gesellschaftlichen Krisen zu bearbeiten. Inwieweit diese „Antworten" jedoch die Krisen weiter stabilisieren (neoliberale Politiken rechtspopulistischer Parteien) oder diese sogar noch verschärfen, kann im Rahmen dieser Rahmen lediglich als Anknüpfspunkt für weitere Forschungsarbeiten in den Raum gestellt werden.

Quellen- und Literaturverzeichnis

Aulenbacher, Brigitte (2007). Vom fordistischen Wohlfahrts- zum neoliberalen Wettbewerbsstaat: Bewegungen im gesellschaftlichen Gefüge und in den Verhältnissen von Klasse, Geschlecht und Ethnie. In: Klinger, Cornelia; Knapp, Gudrun-Axeli & Sauer, Birigit (Hrsg.): Achsen der Ungleichheit. Zum Verhältnis von Klasse, Geschlecht und Ethnizität (S. 42-55). Frankfurt am Main.

Böhnke, Lukas/ Thran, Malte & Wunderwald, Jacob (2019): Rechtspopulismus im Fokus. Theoretische und praktische Herausforderungen für die politische Bildung. Wiesbaden.

Brand, Ulrich (2009): Die multiple Krise. Dynamik und Zusammenhang der Krisendimension, Anforderungen an politische Institutionen und Chancen progressiver Politik. Berlin.

Brown, Wendy (2019): In the Ruins of Neoliberalism. The Rise of Antidemocratic Politics in the West. New York.

Butterwege, Christoph & Hentges, Gudrun (2008): Rechtspopulismus, Arbeitswelt und Armut. Befunde aus Deutschland, Österreich und der Schweiz, Opladen.

Castells, Manuel (2017): Die Macht der Identität. Das Informationszeitalter. Wiesbaden.

Cedroni, Lorella (2011): Die Morphologie des Populismus. In: Totalitarismus und Demokratie, 8(2011), S. 237-250

Charalambous, Giorgos & Ioannou, Gregoris (2020): Left Radicalism and Populism in Europe, London.

Crouch, Colin (2008): Postdemokratie. Frankfurt am Main.

Demirović, Alex/ Becker, Florian/ Bader, Pauline (2011): VielfachKrise im finanzdominierten Kapitalismus. Hamburg.

Demirović, A. (2013): Multiple Krise, autoritäre Demokratie und radikaldemokratische Erneuerung. PROKLA. Zeitschrift für Kritische Sozialwissenschaft. 43(171). 193.

Diehl, Paula (2011): Die Komplexität des Populismus. Ein Plädoyer für ein mehrdimensionales und graduelles Konzept. In: Totalitarismus und Demokratie. 8 (2011), S. 273-291.

Fraser, Nancy (2017). The End of Progressive Neoliberalism. Dissent Magazine. Zugriff am 11.5.2020 unter https://www.dissentmagazine.org/online_articles/progressive-neoliberalism-reactionarypopulism-nancy-fraser.

Fraser, Nancy (2018): Wir brauchen eine Politik der Spaltung. In: Philosophie Magazin, 6(2018).

Foucault, Michel (1983). Der Wille zum Wissen. Sexualität und Wahrheit I. Frankfurt a. M.

Gebhardt, Mareike (2019): Populistische Momente Radikale Demokratietheorien als Hintergrund einer poststrukturalistischen Analyse von Protestbewegungen. In: Judith Vey, Johanna, Leinius, Ingmar Hagemann (Hg.): Handbuch Poststrukturalistische Perspektiven auf soziale Bewegungen. Ansätze, Methoden und Forschungspraxis. Bielefeld. S. 280-298.

Habermas, Jürgen (1998): Die postnationale Konstellation. Frankfurt am Main.

Hentges, Gudrun/ Nottbohm, Kristina & Platzer, Hans-Wolfgang (2017): Europäische Identität in der Krise? Europäische Identitätsforschung und Rechtspopulismus im Dialog. Wiesbaden.

Hochschild, Arlie (2001). Globale Betreuungsketten und emotionaler Mehrwert. In: Hutton,Will & Giddens, Anthony (Hrsg.): Die Zukunft des globalen Kapitalismus (S.157-176). Frankfurt a. M./New York.

Kitschelt, Herbert & McGann, Anthony (2000): The Radical Right in Western Europe. A Comparative Analysis. Michigan: University of Michigan Press.

Kuster, Friederike (2019): Mann – Frau: die konstitutive Differenz der Geschlechterforschung. In: Beate Kortendiek/ Birigt Riegraf & Katja Sabisch (Hg.): Handbuch interdisziplinäre Geschlechterforschung. Wiesbaden. S. 3-12.

Laclau, Ernesto (2007): On Populist Reason. New York/ London.

Laclau, Ernesto (2014): Warum Populismus. In: Zeitschrift Luxemburg, abgerufen am 28.5.2020, unter: https://www.zeitschrift-luxemburg.de/warum-populismus/.

Ludwig, Gundula (2015). Geschlecht, Macht, Staat. Feministische staatstheoretische Interventionen. Opladen.

Merkel, Wolfgang (2015): Demokratie und Krise. Zum schwierigen Verhältnis von Theorie und Empirie. Wiesbaden.

Mouffe, Chantal (2007): Über das Politische. Wider die kosmopolitische Illusion. Frankfurt am Main.

Mudde, Cas & Rovira Kaltwasser, Cristóbal (2017): Populism. A Very Short Introduction. Oxford.

Müller, Jan-Werner (2016): Was ist Populismus? In: Zeitschrift für Politische Theorie. Jg. 7, Heft 2 (2016), S. 187-201.

Nachtwey, Oliver (2016): Die Abstiegsgesellschaft. Über das Aufbegehren in der regressiven Moderne. Berlin.

Niedermayer, Oskar (2020): Die soziale Zusammensetzung der Parteimitgliederschaften. Bpb, abgerufen am 1.8.2020, unter: https://www.bpb.de/politik/grundfragen/parteien-in-deutschland/zahlen-und-fakten/140358/soziale-zusammensetzung.

Norris, Pippa & Inglehart, Ronald (2019): Cultural Backlash. Trump, Brexit, and Authoritarian Populism. Cambridge.

Opratko, Benjamin (2017): Rechtspopulismus als Krisenbearbeitung. Anmerkungen zum Aufstieg von AfD und FPÖ. In: PROKLA. Heft 186, 47(1), S. 123-130.

Oxfam (2018): 82 Prozent des weltweiten Vermögenswachstums gehen an das reichste Prozent der Bevölkerung, abgerufen am 11.9.2020, unter: https://www.oxfam.de/ueber-uns/aktuelles/2018-01-22-82-prozent-weltweiten-vermoegenswachstums-geht-reichste-prozent.

Piketty, Thomas (2016): Das Kapital des 21. Jahrhundert. Berlin.

Prantner, Christoph (2019): Selbsternannte Antwälte des kleinen Mannes haben beherzt zugegriffen. Standard, abgeraufen am 12.9.2020, unter: https://www.derstandard.at/story/2000105084493/die-selbsternannten-anwaelte-des-kleinen-mannes-haben-beherzt-zugegriffen.

PROKLA-Redaktion (2016): Der globale Kapitalismus im Ausnahmezustand. In: PROKLA 46(4), S. 507-542.

Puar, Jasbir K. (2005): Queere Zeiten, terroristische Assamblagen. In: Gabriele Dietze, Claudia Brunner, Edith Wenzel (Hg.): Kritik des Okzidentalismus. Transdisziplinäre Beiträge zu Neo-Orientalismus und Geschlecht. Bielefeld. S. 271-294.

Puar, Jasbir K. (2007): Terrorist Assemblages: Homonationalism in Queer Times. Durham.

Rafael, Simon (2015): Die Mitte und der „Genderwahn" In: Ralf Melzer, Dietmar Mothagen, Andreas Zick, Beate Küpper (Hg.): Wut, Verachtung, Abwertung. Rechtspopulismus in Deutschland. Bonn. S. 78-94.

Sauer, Birgit (2017): Gesellschaftstheoretische Überlegungen zum europäischen Rechtspopulismus. Zum Erklärungspotential der Kategorie Geschlecht. In: PVS, 58(1), S. 1-20.

Stankov, Petar (2020): The Political Economy of Populism. An Introduction. London.

Vogel, Hannes (2016): Wirtschaftsfreundlich statt sozial. Die AfD täuscht die kleinen Leute, N-TV, abgerufen am 10.9.2020, unter: http://www.n-tv.de/wirtschaft/Die-AfD-taeuscht-die-kleinen-Leute-article17613376.html.

Von Beyme, Klaus (2018): Rechtspopulismus. Ein Element der Neodemokratie? Wiesbaden.

Wiles, Peter (1969): A Syndrome, not a Doctrine. In: Ghita Ionescu/ Ernest Gellner (Hg.), Populism. Its Meaning and National Characteristics. London. S. 166-179.

Wolf, Tanja (2017): Rechtspopulismus. Überblick über Theorie und Praxis. Wiesbaden.

Wolin, Sheldon (2006): Politics and Vision. Continuity and Innovation in Western Political Thought. Princeton.